Affermazioni Positive

Più di 1000 affermazioni per la crescita personale. Aumenta l'autostima e l'intelligenza emotiva, diventa antifragile. migliora le tue finanze e il tuo linguaggio del corpo.

Salute e Abbondanza

Copyright 2020 di Salute e Abbondanza - Tutti i diritti riservati.

Sommario

INTRODUZIONE

La maggior parte delle persone sottovaluta il potere dei propri pensieri. Si pensa che il pensiero non sia nulla, che i pensieri non siano cose, e quindi che non possano influenzare la realtà. La scienza ha già dimostrato che questo non è vero, i nostri modi di pensare determinano la maggior parte delle cose che ci accadono, solo che non ce ne rendiamo conto. Lo si può facilmente vedere prestando attenzione alle piccole cose di tutti i giorni, per esempio come un pensiero, un'emozione, o uno stato d'animo, influenzano istantaneamente la nostra fisiologia e il nostro corpo. Pensa a quando hai paura; il pensiero di qualcosa che ti spaventa può aumentare la sudorazione, accelerare il battito cardiaco e la respirazione. Allo stesso modo, anche le sensazioni meno importanti per la sopravvivenza, come un'emozione positiva, possono avere effetti fisici reali. Quando ascolti una canzone che ti piace o che ti regala emozioni intense, non provi una semplice sensazione che si ferma solo nella mente, essa si diffonde come un'onda in tutto il corpo; ad alcune persone, per esempio, viene la pelle d'oca... Questo significa che il pensiero ha avuto un effetto fisico, reale e tangibile sul loro corpo e sulla loro fisiologia. I pensieri hanno il potere non solo direttamente su di te, ma danno forma alla realtà in cui vivi.

Un pensiero positivo attira le cose positive e sposta l'attenzione sugli eventi positivi, è un po' come quando si guida e si è in ritardo; si trovano molti più semafori rossi sulla propria strada. In realtà non c'è un numero maggiore di semafori rossi, siamo noi che poniamo l'attenzione sugli ostacoli. In questo modo notiamo molto di più le cose negative e ci si sentiamo quindi sfortunati, il che aumenta ancora di più l'attenzione nel notare le cose negative, creando così una spirale distruttiva. Ricorda, tutto ciò su cui ti concentri, crescerà.

La ripetizione regolare e costante nel tempo di affermazioni positive può riprogrammare il nostro cervello su una mentalità positiva, e crea un circolo virtuoso in cui cominciamo a notare maggiormente le cose positive e di conseguenza ci porta a riceverle in maggiore quantità, creando un ciclo infinito di gratitudine e di attrazione del bene.

La tua fede e il tuo amore sono energia, che interagendo con l'energia dell'universo, attirerà a te tutto ciò che desideri fortemente.

Le affermazioni che stai per leggere, se ripetute un numero sufficiente di volte, si radicheranno nel tuo inconscio e sostituiranno i paradigmi negativi che hai sviluppato dalla tua infanzia ad oggi. Questo processo cambierà le lenti attraverso le quali guardi il mondo e la tua vita si trasformerà in qualcosa di meraviglioso e unico, rendendoti grato e capace di apprezzare tutte le cose che hai e che attirerai.

Ricorda: la cosa fondamentale è la ripetizione costante, rileggi queste affermazioni più volte che puoi, più volte lo farai e più benefici otterrai. Attraverso il potere della ripetizione comunicheremo direttamente con chi governa realmente le tue decisioni e crea la tua realtà... il tuo inconscio...

AFFERMAZIONI PARTE 1

"Sono una persona di valore"

"Sono una persona amata"

"Sono una persona stimata dagli altri"

"Mi sento grato/a per la vita che ho"

"Io sono forte"

"Mi apro ad un rapporto maturo, sano e felice"

"Alimento i miei pensieri che mi danno forza"

"Sono intelligente"

"Non mi arrendo mai di fronte alle difficoltà"

"Sono sempre pronto/a a lavorare"

"Aiuto gli altri"

"Sono davvero grato/a per quello che ho
imparato"

"Io rispetto me stesso/a"

"Io amo me stesso/a e anche gli altri mi
amano"

"Ho molte passioni"

"Sono pieno/a di qualità"

"Ho sempre un atteggiamento positivo"

"Sorrido alla vita"

"Mi concedo il tempo di riposare e meditare"

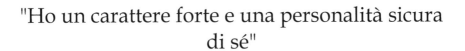

"Ho un carattere forte e una personalità sicura di sé"

"Vivo in un mondo di pace"

"Sono una persona adorabile"

"Il mio ritmo circadiano è perfettamente bilanciato"

"Inizio ogni giorno con entusiasmo e vitalità"

"Capisco istintivamente ciò che è meglio per me"

"Mi sento concentrato/a e attento/a"

"Sono pieno/a di energia"

"Non mi lascio mai sopraffare dalle avversità"

"So che tutto ciò che accade nella mia vita è per il mio massimo bene"

"Mi sento profondamente appagato/a"

"Vivo pienamente le emozioni"

"Sono una persona istruita"

"Sono una persona organizzata"

"Mi sento leggero/a"

"Ho molti interessi"

"Sono in grado di costruire relazioni gratificanti"

"Vivo la vita con gratitudine"

"Sono una persona rispettabile"

"Sono una persona affidabile"

"Sono determinato/a"

"Sono una persona piacevole"

"Aumento costantemente il mio reddito"

"Sono una persona creativa"

"Sono orientato/a all'obiettivo"

"Sono una persona tenace"

"Sono una persona acuta"

"Imparo in fretta"

"Ascolto con amore la mia voce interiore"

"Non ho limiti"

"Trovo la prosperità ovunque io vada"

"Sono una persona che lavora sodo"

"Non mi faccio abbattere facilmente"

"Vivo bene con le mie emozioni"

"Ho molte qualità positive"

"Imparo dai miei errori"

"Mi piace aiutare gli altri"

"Ricevo amore ogni giorno"

"Posso affermare me stesso/a"

"Sono una persona raffinata"

"Io do vita alle mie idee"

"Sono la mia persona preferita"

"Posso farmi rispettare dagli altri"

"Sono una persona carismatica"

"Sono una persona generosa"

"Non ho paura"

"Posso gestire le emozioni negative"

"L'amore nella mia vita inizia da me stesso/a"

"Affronto le sfide a testa alta"

"Le persone parlano bene di me in mia
assenza"

"Io non giudico gli altri"

"Sono libero/a"

"Sono sicuro/a e tranquillo/a abbastanza da poter chiedere quello che voglio"

"Penso in fretta"

"Porto sempre a casa il risultato"

"Ogni mia sfida si trasforma in una vittoria"

"Ho molti amici"

"Tutto va come deve andare"

"Attiro il denaro"

"Sono una calamita per gli altri"

"Riesco ad esprimere bene i miei sentimenti"

"Vivo con passione"

"Ho molti talenti"

"Sono una persona radiosa"

"La mia carriera è in costante crescita"

"Sono in salute"

"Ho lasciato andare la paura dell'amore"

"La felicità mi segue ovunque io vada"

"Sono una persona fantastica"

"Sono in grado di sognare"

"Ho grandi obiettivi per la mia vita"

"Sono una persona che risolve i problemi con grande facilità"

"Sono un/a leader carismatico/a e sono pieno/a di conoscenza"

"Io sono saggio/a"

"Ovunque io sia, sono sempre al sicuro"

"Sono libero/a da paradigmi mentali negativi"

"Sono una persona ottimista"

"Sono sincero/a e affidabile"

"Trasmetto sicurezza e tranquillità"

"Trasmetto un senso di pace"

"Vedo sempre il meglio anche nelle situazioni
più difficili"

"Molte persone mi conoscono e mi
apprezzano"

"So di valere molto"

"Ho lasciato andare la gelosia"

"Sono una persona responsabile"

"Amo e rispetto le mie opinioni"

"Sono circondato/a dalla bellezza"

"Riconosco il valore delle persone"

"Sono una persona persuasiva"

"Sono pieno/a di energia e vitalità"

"Sono una persona assertiva"

"Tengo sempre presenti i miei obiettivi e non mi lascio scoraggiare"

"Il fallimento è il mio maestro e amico"

"Ho delle abitudini sane che mi fanno vivere una vita sana"

"Sono pieno/a di soddisfazione"

"La mia presenza è sempre benvenuta"

"Mi piacciono le persone"

"Sono naturalmente incline al successo"

"Non mi fermo davanti alle difficoltà"

"Già al mattino sono una persona carica ed energica"

"Io miglioro ogni giorno"

"Sono una persona grata"

"Posso stare in piedi sulle mie gambe e
sostenermi da solo/a"

"Ogni giorno mi evolvo verso la migliore
versione di me stesso/a"

"Ho tante persone che mi ammirano"

"Io rispetto me stesso/a"

"Sono economicamente libero/a"

"La vita è semplice"

"Mi considero una persona dotata"

"I miei punti di forza sono evidenti a tutti"

"Sono una persona coraggiosa"

"Sono una persona inarrestabile"

"Sono pronto/a a imparare nuovi modi di vivere"

"Sono pieno/a di determinazione"

"Sono una persona con grande forza di volontà"

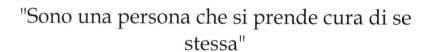

"Sono una persona che si prende cura di se stessa"

"So come raggiungere i miei obiettivi"

"Realizzerò i miei sogni"

"Ho lasciato andare la paura di non essere amato/a"

"Le mie competenze sono in costante crescita"

"Attiro l'amore e la fortuna"

"Attiro nuovi amici"

"C'è sempre abbondanza nel mio viaggio"

"Mi ricordo di me stesso/a in ogni momento"

"La mia energia mi apre molte porte"

"Sono un/una grande comunicatore/rice"
"Ho un portamento fiero ed elegante"

"Sono una persona rispettosa"

"Cammino a testa alta e con la schiena dritta"

"Sono in gran forma"

"Ogni mia azione attira l'abbondanza"

"La mia dieta è sana ed equilibrata"

"Elimino tutte le mie cattive abitudini e le sostituisco con buone abitudini"

"Non conosco il fallimento"

"Sono una persona vincente nella vita"

"Mi circondo di persone vincenti nella vita"

"I miei cari mi rispettano"

"Sono una persona che sostiene gli altri"

"Non provo invidia"

"L'amore mi permette di scoprire altre parti di me stesso/a e di migliorarmi"

"Ogni giorno, sempre di più, imparo a creare e mantenere relazioni positive con chiunque"

"Sono grato/a per tutto ciò che la vita mi ha dato"

"Credo sempre di avere successo"

"Sono una persona sana"

"Porto sempre a termine i miei compiti con successo"

"Capisco quello che sento e soddisfo i miei bisogni"

"Vivo una vita piena e intensa"

"Ogni giorno attiro sempre più abbondanza e ricchezza"

"Sono sempre pieno/a di speranza"

"Sono un punto di riferimento per le persone che mi circondano"

"Sono una persona onesta"

"Sono una persona che merita il meglio"

"Nessuno può comandarmi"

"Non ho paura del giudizio degli altri"

"Posso influenzare positivamente la vita degli altri"

"Amo tutte le cose che mi sono state date"

"Sono una persona socievole"

"La mia carriera è in costante crescita"

"Do sempre il meglio di me e ottengo sempre il meglio"

"Scelgo per me stesso/a"

"Amare è bello"

"L'amore mi fa sentire in pace"

"Sono il/la padrone/a del mio futuro"

"Credo in me stesso/a più di ogni altra persona"

"Sono una persona d'elite"

"Sono orgoglioso/a di quello che ho fatto in passato"

"Quando parlo con le persone i miei occhi
sono sicuri e intensi"

"La mia voce è ferma e intensa"

"Ho una vasta conoscenza"

"Sono una persona meravigliosa"

"La mia mente diventa sempre più chiara ogni
giorno"

"Mi piace imparare cose nuove e migliorare costantemente me stesso/a"

"Posso capire rapidamente tutto ciò che mi viene spiegato"

"Sono una bella persona dentro"

"La mia vita è piena di esperienze positive"

"Incontro sempre nuove persone"

"Sono una persona stimata"

"L'amore è libertà e rispetto"

"Trasformo i miei difetti in pregi"

"Dedico il mio tempo alla cura della mia persona"

"Rispetto il mio corpo"

"Divertirmi è un mio diritto"

"Ogni giorno rinasco con una nuova luce"

"Non c'è spazio per la negatività nella mia mente"

"Accetto e uso il mio potere"

"Il mio linguaggio del corpo è coerente con quello che dico"

"Sono una persona molto sicura di sé"

"Ho forti convinzioni dentro di me"

"Non frequento persone negative"

"Apprezzo ogni piccola cosa bella della vita"

"Mi sento una persona fortunata"

"Sono una persona straordinaria"

"Acquisto un'immagine stabile e sicura di me"

"Non perdo tempo e corro sempre dei rischi"

"Sono una persona produttiva e prolifica"

"Mi stupisco delle persone positive"

"Non sono impressionato/a dai valori sbagliati"

"Amo quello che faccio"

"La mia vita è piena di fortuna e salute"

"Il mio lavoro è una sfida per me e mi gratifica profondamente"

"Sono soddisfatto/a di ciò che sto diventando"

"Sono una persona coraggiosa"

"La mia vita è piena di cose belle"

"Sono una brava persona"

"Le mie capacità mi permettono di essere il/la migliore in qualsiasi campo"

"Io mantengo sempre le mie promesse"

"Lotto per i miei sogni e i miei valori"

"Sono una persona giusta ed equilibrata"

"Sono una persona di sani principi"

"Essere felice è un mio diritto"

"La vita è pronta a prendersi cura di me, e
sono al sicuro"

"Credo nel potere della mia mente"

"Il mio valore non ha prezzo"

"La mia anima si apre all'ispirazione creativa"

"Il mio corpo è il mio tempio"

"Sono nel mondo per lasciare un segno"

"Sono una persona piena di carisma e di fascino"

"Condivido le mie capacità con il mondo"

"Ogni persona che conosco mi apprezza e mi valorizza"

"La vita mi porta il lavoro perfetto per me"

"Sono una persona con eccellenti capacità relazionali"

"Accolgo le cose buone della vita e posso godermele"

"La mia presenza è di sostegno a coloro che mi circondano"

"Sono una persona semplice"

"Ogni giorno, sempre di più, imparo a fidarmi di me stesso/a e del mio partner"

"Ho lasciato andare ogni ansia e preoccupazione"

"Sono in grado di prendere decisioni velocemente"

"Non mi faccio distrarre da cose di poco conto"

"Sono concentrato/a sui miei obiettivi"

"Sono una persona vincente in tutto ciò che faccio"

"La mia mente è aperta a nuove esperienze"

"Il mio passato migliora il mio futuro"

"La mia creatività emerge sempre"

"La mia personalità è apprezzata"

"Il mio modo di vestire è sempre in linea con la
mia persona"

"Non provo rabbia o rancore verso i miei
nemici"

"Sono una persona paziente"

"Sono una persona interessante per gli altri"

"Sono una persona dotata"

"Sono bravo/a negli affari"

"Sono una persona volenterosa"

"Ho fiducia nella vita e nell'universo"

"Amare ed essere amato/a è un mio diritto"

"Sono bravo/a a capire le emozioni degli altri"

"Gestisco le mie finanze in modo intelligente"

"Non spreco soldi in cose senza senso"

"I miei obiettivi sono raggiungibili"

"Non ascolto le persone che mi danno consigli negativi"

"Ho fiducia in me stesso/a"

"Gli altri possono fidarsi di me"

"Sono motivato/a"

"Non c'è sconfitta nel mio cuore"

"Sono una persona allegra"

"Ottengo sempre quello che voglio"

"Saluto ogni nuovo giorno con energia e gioia"

"Apprezzo tutto quello che ho potuto ottenere"

"La mia vita amorosa è gratificante"

"La mia vita familiare è soddisfacente"

"Sono una persona migliore ogni giorno"

"Ho superato le difficoltà a testa alta"

"Ho dei doni straordinari"

"Ho lasciato andare la paura di essere abbandonato/a o rifiutato/a"

"Non smetterò mai di credere in me stesso/a"

"Sono una bella persona"

"Sono in grado di decifrare rapidamente le situazioni"

"Ho enormi capacità di risolvere i problemi"

"Il mio intuito mi aiuta negli affari"

"Ho un carattere aperto e collaborativo"

"Scelgo di formulare pensieri che mi aiutino a prosperare"

"Sono un/una portatore/rice di felicità"

"Creo un ambiente armonioso e gioioso intorno a me"

"Conosco molte persone ogni giorno"

"Sorrido sempre"

"Mi do il permesso di congratularmi con me stesso/a"

"Sono una persona autentica"

"Il mio riposo è regolare e ristoratore"

"Mi concedo il tempo di giocare con il mio bambino interiore"

"Il mio corpo è sano e la mia anima è tranquilla"

"Cammino con fiducia e serenità verso il futuro"

"Ora ho l'età giusta per iniziare qualsiasi cosa"

"Io credo negli esseri umani"

"Vivo ogni giorno con gioia"

"Sono una persona autosufficiente"

"Mi piace svegliarmi la mattina sapendo che
ho un lavoro importante da fare"

"Sono consapevole delle mie capacità"

"Il mondo intorno a me è un posto
meraviglioso"

"Sono una persona che vale la pena conoscere"

"Ho molti talenti da esprimere"

"Do valore al mio tempo"

"Imparo ogni giorno ad amare sempre di più
la vita"

"Sono una persona profonda"

"Ho la coscienza pulita"

"Posso accettare le mie imperfezioni"

"Sono una persona ambiziosa"

"Creo rapidamente connessioni profonde con
gli altri"

"Le mie convinzioni mi aiutano a raggiungere
il successo"

"Sono bravo/a a confortare gli altri"

"Sono una persona di bell'aspetto"

"Imparo qualcosa di nuovo ogni giorno"

"Sono una persona di successo"

"Attiro il benessere nella mia vita"

"Mi do il permesso di commettere errori"

"Non perdo mai la speranza"

"Il mio dialogo interno è sempre ottimista e positivo"

"Mi faccio sempre domande intelligenti"

"Ascolto quello che le persone hanno da dire"

"Mi piaccio come sono ora, ma continuerò a migliorare"

"Vedo il bene negli altri"

"Sono una persona equilibrata"

"Coltivo i miei hobby nonostante io lavori duro per raggiungere i miei obiettivi"

"Non sono schiavo/a del denaro"

"Posso distinguere ciò che è buono da ciò che mi fa male"

"Non mi manca niente"

"Permetto ai miei guadagni di espandersi costantemente"

"Vivo una vita meravigliosa"

"Mi sento bene e in salute"

"Niente può fermarmi"

"Mi godo ogni secondo della mia vita"

"Sono vicino/a al raggiungimento dei miei obiettivi"

"Il mio cammino è in discesa"

"Ho lasciato andare il mio bisogno di essere perfetto/a"

"L'universo cospira per aiutarmi"

"Sono una persona coinvolgente"

"Amo passare del tempo da solo/a con me stesso/a"

"Io sono un essere speciale"

"So come perdonare chi mi ha fatto del male"

"Sono in grado di superare le mie paure"

"Le persone parlano bene di me e mi apprezzano"

"Oggi si presenteranno nuove e meravigliose opportunità"

"Il mio pensiero è sempre costruttivo"

"Le mie parole sono sempre le parole giuste"

"Non mi sento timido/a"

"Ho il controllo dei miei stati d'animo"

"Sono una persona completa"

"Il mio cuore è pieno di amore incondizionato
e decido di esprimere questo amore"

"Sono sempre perfettamente a mio agio"

"I miei occhi esprimono intelligenza"

"Mi sveglio facilmente la mattina"

"Il mio corpo è in ottima forma"

"Medito, faccio passeggiate tranquille e mi godo la natura"

"Il mio spirito è forte e vigoroso"

"Con le mie decisioni, plasmo il mio destino"

"Sono una persona perspicace"

"Parlo in pubblico senza problemi"

"Sono una persona ascoltata"

"Sono libero/a di essere me stesso/a"

"Mi sento grato/a per il corpo che ho"

"La mia mente è libera da blocchi mentali"

"Sono una persona organizzata"

"Ho grandi capacità di pianificazione"

"Posso gestire anche le situazioni più difficili"

"Ho vinto molte volte nella mia vita e vincerò molte altre"

"Il rispetto che ho per me stesso/a è infinito"

"Mi do il permesso di essere potente e di avere abbondanza"

"Godo della protezione divina in ogni momento"

"Non permetto a nessuno di dirmi che non posso fare qualcosa"

"Sono bello/a dentro e fuori"

"La mia aura è sempre positiva e trasforma tutto in positivo"

"Sono una persona deliziosa"

"Creo la mia vita e ciò mi piace"

"La gente ama parlare con me"

"Quando mi guardo allo specchio mi sento soddisfatto/a"

"Non rimango mai senza niente da dire"

"La mia mente è piena di informazioni utili"

"Ogni mia esperienza è un'esperienza di gioia e di amore"

"Sono sincero/a con il mio partner"

"Ho molti bei ricordi che mi vengono in mente"

"Anch'io posso stare da solo/a"

"Sono una persona disciplinata"

"Il mondo è la mia casa"

"Sono troppo forte per avere paura"

"I miei pensieri mi sostengono e sono positivi"

"Riconosco e allontano le persone negative
dalla mia vita"

"Sono sempre di buon umore"

"Sono una persona piena di risorse"

"Le persone spesso si complimentano con me"

"Sono una persona efficiente"

"Riesco a sorridere anche nei momenti difficili"

"La mia mente è calma e rilassata"

"Non c'è dolore dentro di me"

"L'odio non fa parte dei miei sentimenti"

"Sono forte e coraggioso/a in ogni circostanza"

"Mi fido di quello che faccio"

"Non mi lascio sopraffare dai problemi, ma li risolvo con tenacia"

"Ho degli obiettivi intelligenti"

"Sono una persona espansiva"

"Mi piace studiare cose nuove"

"Voglio vivere"

"Ricordo facilmente le cose che devo ricordare"

"Mi sento meglio ogni giorno"

"Il mio tempo è prezioso e lo apprezzo molto"

"Sostengo i miei amici nel raggiungimento dei loro obiettivi"

"Sono una persona affascinante"

"Vivo nella prosperità"

"Non ho limiti nella capacità di creare del bene nella mia vita"

"I miei modi di comportarmi sono sempre apprezzati"

"Ho sempre un bell'aspetto"

"Sono una persona favolosa"

"Mi amo e mi accetto per quello che sono"

"Sono libero/a dalle opinioni altrui"

"I miei guadagni sono in costante aumento"

"Io attiro solo buone relazioni"

"Imparo dalle mie esperienze e uso questa conoscenza nelle mie esperienze future"

"Riconosco i miei errori e mi miglioro"

"Mi sento libero/a"

"Sono una persona fenomenale"

"Sto diventando tutto ciò che sono destinato/a a diventare"

"Ogni mattina quando mi sveglio mi sento rinascere"

"Ogni mia cellula si rigenera e si rafforza"

"Scopro sempre nuove cose positive su di me"

"Sono ancora in grado di stupirmi con cose semplici"

"Sono nato/a per avere successo"

"Io vinco sempre"

"Sono una persona sveglia"

"La mia pelle è sana e lucida"

"Sono in perfetta armonia con il mio ambiente di lavoro"

"Le persone ammirano la mia capacità di lavorare sodo"

"Rispetto tutti senza distinzione"

"Ho lasciato andare la paura del successo"

"Ho delicatamente lasciato andare tutta la rabbia repressa dell'infanzia"

"Ricevo il bene dal mondo ogni giorno"

"Sono una persona felice e soddisfatta"

"Non mi lamento mai, lavoro per migliorare la mia vita"

"Basta uno schiocco delle dita per caricarmi di energia"

"Io sono potente"

"Sono una persona illuminata"

"Sono l'unica persona che pensa nella mia mente"

"Posso fare molte cose molto velocemente"

"Le mie giornate sono piene e soddisfacenti"

"Gli altri dicono che sono una brava persona"

"Non sembro mai stanco/a"

"Faccio facilmente nuove conoscenze"

"Il mio lavoro mi soddisfa"

"Sono una persona inattaccabile"

"La mia vita è un bel viaggio"

"Non ho risentimenti"

"Dico sempre quello che penso"

"Sono gentile con gli altri e gli altri sono gentili con me"

"Ho delle capacità straordinarie"

"Sono infallibile"

"Sono una persona a cui piace essere coinvolta in cose nuove"

"Sono a mio agio sotto i riflettori"

"Posso capire anche i concetti più complicati"

"Posso motivarmi e rimanere motivato/a"

"Sono un essere magnifico"

"Sono una persona intensa"

"Mi prendo cura delle persone che mi circondano"

"Non mi prendo troppo sul serio e posso ridere di me stesso/a"

"Ricevo attenzione e dono gioia"

"Provo tolleranza, compassione e amore per tutte le persone"

"La mia mente può procurarmi tutto quello che voglio"

"Mi sento bene in ogni ambiente"

"Celebro la vita ogni giorno"

"Sono una persona magnifica"

"Sono in grado di godermi le mie vittorie"

"Mi piace il mio modo di essere"

"Ripeto a me stesso/a affermazioni positive e motivanti"

"Sono una persona stimolante"

"Sono una calamita naturale per la felicità"

"Le mie abitudini mi porteranno al successo"

"Sono una persona piena di vitalità e di gioia di vivere"

"Non ho paura di niente"

"Scelgo di formulare pensieri di armonia per lavorare in un'atmosfera armoniosa"

"Tutto va bene nella mia vita"

"Vivo con serenità in ogni luogo"

"Sono una persona matura"

"Dono amore e accoglienza a tutti"

"Gestisco le mie finanze in modo intelligente"

"Mi piace prendermi cura del mio corpo"

"Mi permetto di espormi e di essere al centro
dell'attenzione"

"Mi nutro di cibo sano e genuino"

"Il mio corpo e la mia mente sono in perfetta armonia"

"Vivo in abbondanza"

"Sono bellissimo/a e mi amo"

"Sono un/una maestro/a nel mio lavoro"

"Oggi sono una persona migliore di ieri"

"La mia vita continua a migliorare"

"Merito e accetto l'amore nella mia vita"

"Per me, il denaro è la cosa più facile da ottenere"

"Gli esercizi fisici che pratico mi aiutano a rimanere giovane e in forma"

"La prosperità è un mio diritto divino"

"Sono una persona pacifica"

"I miei pensieri positivi mi portano i benefici e
i vantaggi che desidero"

"Mi do il permesso di commettere errori e di
imparare da essi"

"Mi guardo dentro e vedo un essere
meraviglioso"

"Attiro il benessere da molte fonti diverse"

"Sono mentalmente ed emotivamente pronto/a a vivere una vita ricca e abbondante"

"L'universo mi offre ogni giorno un'infinità di possibilità"

"Posso esaudire ogni mio desiderio"

"Più amo me stesso/a, più amo gli altri"

"Qualunque cosa io faccia si trasforma in successo"

"Mi amo ogni giorno di più"

"Sono una persona persuasiva"

"Ho fiducia in me stesso/a e merito di
chiedere di più"

"Il mio corpo è una macchina meravigliosa e
magnifica"

"Trovo abbondanza ovunque io vada"

"Ho una grande forza interiore che mi aiuta ad affrontare tutte le difficoltà"

"Sono una persona con il senso dell'umorismo"

"Nella mia vita accadono molti miracoli"

"Sono una persona produttiva"

"Mi piacciono le persone e io piaccio a loro"

"Sono in uno stato d'animo perfetto per migliorare la mia vita"

"La mia autostima cresce ogni giorno di più"

"Sono una persona piena di valori e di principi"

"Attiro la gioia nella mia esistenza"

"Sono una persona indimenticabile"

"Sono una persona molto apprezzata nel mio ambiente di lavoro"

"Il successo è la naturale conseguenza delle mie azioni"

"Sono una persona che sa come prendere nuove iniziative"

"La mia vita è serena in questo momento"

"Non sono mai stato/a così felice"

"Ogni giorno, mantengo il mio corpo e la mia mente in perfetta salute"

"La mia energia è dirompente"

"Sono una persona rinnovata"

"La positività invade ogni angolo del mio corpo"

"Sono una persona affabile"

"Mi circondo di persone come me"

"Uso le critiche per migliorare e crescere"

"Sono in grado di relazionarmi con chiunque"

"Mi sveglio energicamente la mattina e vado a letto soddisfatto/a la sera"

"Mi adatto alle circostanze"

"Il potere di stare bene è solo dentro di me"

"I miei doni sono unici e sono apprezzati dagli altri"

"Sono una persona istruita"

"Sono una persona molto sensibile"

"Sono una persona amabile"

"Quando parlo, le persone amano ascoltarmi"

"Il male non entra nella mia vita"

"Sono una persona brillante"

"Ho tutto il talento, l'intelligenza e i soldi di cui ho bisogno"

"Il mio corpo mi sostiene in tutto ciò che faccio"

"La mia anima è libera dalle catene del passato"

"Non mi lascio influenzare dagli altri"

"Ho il pieno controllo dei miei sentimenti e sono in grado di ascoltare me stesso/a"

"Sono in pace con il mondo"

"Sono un alleato/a di me stesso/a"

"Sono degno/a di essere amato/a"

"Sono appassionato/a di quello che faccio"

"Sono una persona intraprendente"

"Perseguo i miei obiettivi in modo coerente"

"Sono indipendente dagli altri e questo mi
rende libero/a"

"La mia mente è sempre calma e mi guida verso le scelte migliori"

"Comunico con carisma e le mie idee sono apprezzate"

"Sono una persona efficiente"

"La mia innata curiosità mi fa scoprire cose belle ogni giorno"

"La mia vita è perfetta così com'è"

"Sono un/una grande ascoltatore/rice"

"Sto facendo la cosa giusta"

"Sono in grado di collaborare con chiunque"

"Sono una persona empatica"

"Sono una persona competitiva"

"Sono una persona puntuale"

"Sento una grande chiarezza mentale"

"Sono una persona estroversa"

"Sono una persona disciplinata"

"Mi rallegro di essere me stesso/a"

"Ogni giorno, sempre di più, imparo a
perdonare chi mi ha fatto del male"

"La gente mi apprezza per il mio altruismo"

"Tutto nella mia vita è sotto il mio controllo"

"Sono una persona matura"

"So cosa voglio dalla vita e lavoro per ottenerlo"

"Le mie forze superano i miei difetti"

"Il mondo è un luogo accogliente"

"Sono sempre allegro/a e gioioso/a"

"Sono una persona amichevole"

"Sono una persona coraggiosa e la fortuna mi aiuta"

"Mi considero una brava persona"

"So come essere comprensivo/a con gli altri"

"Sono una persona amichevole"

"Faccio sempre del mio meglio"

"Risolvo le discussioni con la diplomazia"

"Sono una persona molto ordinata"

"I miei amici mi descrivono come una persona divertente"

"Ogni mattina mi sveglio con entusiasmo per il giorno che sto per affrontare"

"Sono fedele a me stesso/a"

"Sono orgoglioso/a di me stesso/a"

"Ho lasciato andare la paura del denaro"

"Sono una persona leale"

"Attiro la felicità e il benessere in modo naturale"

"Sono un/una socio/a premuroso/a"

"Ho abbastanza tempo e spazio per tutto quello che voglio fare"

"Sono una persona saggia"

"Vivo una vita spensierata"

"Sono una persona innamorata della vita"

"La mia vita è un'opera d'arte"

"Sono il/la mio/a migliore amico/a"

"Trovo facilmente il lavoro che voglio"

"Ho solo emozioni positive"

"Sono una persona solidale"

"Posso risolvere tutti i miei problemi senza sforzo"

"I soldi mi ritornano indietro costantemente"

"Non sento dolore"

"Sono una persona spontanea"

"La mia mente è equilibrata"

"Sono una persona raffinata"

"Le persone cercano di essere mia amiche"

"Sono grato/a per ciò che l'universo mi dà
ogni giorno"

"Mi rendo utile agli altri"

"Riscopro il mio potere interiore"

"Sono una persona astuta"

"Sono sempre ricompensato/a per i miei sforzi"

"Sono capace di fare cose straordinarie"

"Il mio karma è pulito"

"L'universo fa miracoli nella mia vita"

"Il mio successo è garantito"

"Non ho padroni né servi"

"Mi libero della paura di chiedere di più"

"Sono il punto di riferimento per molte persone"

"Sono sempre pronto/a ad ogni eventualità"

"Ogni giorno sono grato/a per le fantastiche qualità che ho"

"Ho una memoria illimitata"

"I miei occhi trasmettono sicurezza a chi li guarda"

"Diffondo la pace e l'armonia in ogni luogo in cui vado"

"Posso rilassarmi profondamente solo chiudendo gli occhi"

"La mia vita è spettacolare"

"Ricordo il mio corpo fisico e i miei bisogni materiali"

"Io sono un miracolo"

"Ho molte cose di cui essere orgoglioso/a"

"I miei problemi si risolvono spontaneamente"

"Scelgo sempre la cosa migliore"

"Ho una salute impeccabile"

"Capisco facilmente i concetti complicati"

"Sono una persona realizzata"

"Mi concedo il cambiamento"

"Posso sempre contare sull'aiuto di chi mi circonda"

"Amo la mia vita, il mio lavoro e le mie relazioni"

"Sono libero/a da pregiudizi"

"Non temo nulla"

"Sono una persona brillante e appassionata"

"Con ogni respiro, il mio corpo è purificato"

"Sono visibilmente sano/a"

"Arricchisco me stesso/a, arricchendo gli altri"

"Divento il/la migliore in tutto quello che faccio"

"L'universo segue i miei piani"

"Ogni passo che faccio mi dà nuova forza e vigore"

"Rispetto le decisioni degli altri"

"Sono in grado di fare tutto"

"Il mio potere non ha limiti"

"Il mio lavoro mi permette di prosperare"

"Sono una persona centrata"

"Sono in contatto con il mio io più profondo"

"Condivido il mio benessere con gli altri"

"Ricevo più di quanto do"

"Nel mio futuro, ci sono tante belle cose che mi aspettano"

"Ogni giorno mi succede qualcosa di piacevole"

"Posso sempre godermi le esperienze che faccio"

"Sono presente nel qui ed ora"

"La mia bellezza parte da dentro"

"Sono una fonte inesauribile di energia"

"Mi rallegro delle mie vittorie e di quelle di chi mi circonda"

"Non sono mai solo/a"

"Sono sempre originale"

"Io creo il mio mondo con le mie convinzioni"

"La realtà che mi circonda mi è favorevole"

"Sono una persona fortunata in tutti i settori
della mia vita"

"Niente può battermi"

"Sono un/una guerriero/a"

"Ho lasciato andare la paura del fallimento"

"Ho tutte le competenze necessarie per rendere la mia vita un capolavoro"

"Il mio corpo apprezza il modo in cui mi prendo cura di lui"

"La mia vita è un miracolo"

"Ho avuto delle esperienze meravigliose che mi hanno insegnato molto"

"Sto espandendo la mia anima"

"Colgo tutte le opportunità che mi si presentano"

"Amo tutte le persone che ho incontrato e che incontrerò"

"Ho un'anima bellissima"

"Va tutto bene ora"

"Voglio mantenere solo abitudini positive
nella mia vita"

"Mi amo davvero, la mia vita mi ama"

"Davanti a me c'è un oceano di pace e di
amore"

"Io supero le avversità"

"Quando guadagno soldi, ricevo energia dall'universo"

"Posso creare quello che voglio"

"Ogni giorno è straordinario"

"Sto bene con me stesso/a"

"Agisco in fretta"

"Attiro intorno a me persone straordinarie"

"Non importa come è stato ieri, oggi sarà meglio"

"Io do luce e amore al mondo che mi circonda"

"Abbandono le cose negative che sono accadute nel mio passato"

"Sono più forte che mai"

"So che posso far accadere miracoli in ogni momento"

"Sono una persona responsabile"

"Davanti a me, ho un percorso pieno di sorprese"

"Sono guidato/a dall'amore per me stesso/a"

"Sono una persona davvero capace"

"Riuscirò in tutto quello che voglio fare"

"Amo e rispetto me stesso/a"

"Mi piace la natura intorno a me"

"Sono una persona dinamica"

"Io sono grande"

"Ricevo per condividere"

"Sono in grado di divertirmi"

"Lascio che il mio bambino interiore si diverta"

"Affronto ogni sfida a braccia aperte"

"Mi fido delle mie capacità"

"Mi tratto come tratto gli altri"

"Tutte le mie relazioni sono sane"

"Elimino tutte le credenze negative"

"Scelgo di essere felice ogni giorno"

"Vivo con amore"

"Ho lasciato andare il bisogno di compiacere gli altri"

"Non rimando più"

"Faccio attenzione ai miei pensieri"

"Mi libero dell'attaccamento"

"Mi do la forza ogni giorno"

"La mia vita è piena d'amore"

"Mi sento davvero bene"

"Divento sempre più abile, giorno dopo giorno, in tutto ciò che faccio"

"Lascio che l'abbondanza si manifesti"

"Sono unico/a"

"Ho successo in ogni settore della mia vita"

"Ogni giorno mi sento sempre più forte"

"Ogni giorno mi apro agli altri"

"Ho una mente elastica"

"Mi affido completamente alla vita"

"La mia mente è una finestra aperta su un mondo meraviglioso"

"Mi prendo cura della mia mente"

"Ho il potere di migliorare la vita degli altri"

"Le altre persone mi sono grate"

"Lascio andare ciò di cui non ho bisogno"

"Mi merito il meglio"

"Mi perdono per gli errori che ho commesso in passato"

"Ho sempre intenzioni positive"

"Sono dotato/a di grande perseveranza"

"Le mie convinzioni portano il potere nella mia vita"

"Sono un'incredibile fonte di saggezza"

"Sono un'ispirazione per gli altri"

"Io pratico la gratitudine ogni giorno"

"Sono una persona che fa la differenza"

"Sono una persona rilassata"

"Provo sempre sentimenti di pace, armonia e tranquillità"

"Sono attento/a alle esigenze degli altri"

"Sono in ottima salute"

"Io miglioro la vita delle persone e loro sono felici di pagarmi"

"Sono sempre pronto/a ad imparare cose nuove"

"Il mondo mi ama e mi accetta per quello che sono"

"Attiro persone meravigliose che mi accompagnano nel mio viaggio"

"Faccio della mia vita un viaggio di gioia"

"Conservo bei ricordi che mi mettono subito di buon umore"

"Perdono chi mi ha fatto del male in passato"

"Sono geniale e uso la mia genialità in ogni momento"

"Non provo invidia e celebro le vittorie altrui"

"Ogni giorno è un miracolo"

"Ispiro gli altri a fare del loro meglio"

"Vedo il bene in ogni situazione"

"Ho delle intuizioni brillanti"

"Con la forza del pensiero, posso guarire me stesso/a"

"L'amore mi accompagna in ogni situazione della mia vita"

"La natura mi dà gioia"

"Tutto sta andando davvero bene nel mio mondo"

"Vivo la mia vita con orgoglio"

"Sono libero/a e felice"

"Ho fiducia nel mio futuro"

"La mia vita è piena di successi"

"Il mio potere personale è immenso"

"Creo cose utili per gli altri"

"Con i miei pensieri, creo la mia realtà"

"Con ogni respiro, purifico le cellule del mio corpo"

"Posso rilassarmi semplicemente pensando a cose positive"

"Ho una sensazione di equilibrio e di forza
dentro di me"

"Acquisto sempre più fiducia in me stesso/a"

"Ho una grande capacità intuitiva"

"Sono guidato/a dall'universo"

"Sono sempre protetto/a"

"Ho lasciato andare i miei sensi di colpa"

"Le situazioni negative non mi influenzano"

"Io sono l'amore"

"Io vibro di energia positiva"

"Mi connetto facilmente con gli altri"

"Tutto ciò che percepisco mi dà equilibrio"

"Sento di essere speciale"

"Ogni giorno, sempre di più, imparo a distogliere l'attenzione dalle persone negative"

"La forza scorre dentro di me"

"Io sono il cambiamento che voglio nella mia vita"

"Scelgo di vivere al massimo"

"Incontro solo persone meravigliose"

"Sono sempre pronto/a all'azione"

"Una forza incredibile è contenuta dentro di me"

"Mi sento bene quando ripenso al mio passato"

"Vivo in uno stato di beatitudine"

"Sono semplicemente stupendo/a"

"I miei pensieri sono ordinati nella mia mente"

"Sono invincibile"

"Sento che sto raggiungendo i miei obiettivi"

"Mi rialzo ogni volta che cado"

"Apprezzo le critiche costruttive"

"Il mio futuro è luminoso"

"Colleziono momenti indimenticabili"

"La mia vita è un bel film"

"La mia anima è pura"

"Sono onesto/a con me stesso/a e con gli altri"

"Sono una persona che dice quello che pensa"

"Il sole mi dona la sua energia"

"Ogni situazione mi è favorevole"

"Il mio corpo è il ritratto della salute"

"Ripeto le affermazioni positive nella mia mente"

"Rinuncio alle cose che portano negatività nella mia vita"

"Sono in uno stato di abbondanza"

"Il mio corpo vibra di energia positiva"

"Sono sincero/a con me stesso/a"

"Sono presente"

"Non ho paura di mostrare le mie emozioni"

"Ogni giorno dimostro a me stesso/a quanto valgo"

"Ottengo risultati eccellenti in tutto ciò che faccio"

"Il denaro non è un problema per me"

"Creo relazioni durature"

"Io creo relazioni stabili"

"La vita è abbondanza"

"Ho lasciato andare i pregiudizi"

"Sono un abile conversatore/rice"

"Ho un sistema di credenze che mi dà potere"

"Vedo i miei obiettivi ogni giorno"

"Ogni momento rappresenta una nuova
meravigliosa opportunità"

"Gli altri sono generosi con me"

"Diffondo buone emozioni"

"Vivo il mio sogno"

"Sono destinato/a al successo"

"Sono coerente con quello che dico e con quello che penso"

"Sono una persona amichevole"

"Dormo bene"

"Sono potente e pieno/a di risorse"

"Metto passione in tutto ciò che faccio"

"Sono in grado di godermi la vita"

"Assaporo ogni singolo momento"

"La gente mi ama"

"Sono una persona atletica"

"Genero denaro con le mie intuizioni"

"Le persone sono interessate a me"

"Sono in grado di rimanere calmo/a anche in
situazioni critiche"

"Rimango concentrato/a sulle cose che devo fare"

"Sono un/una visionario/a"

"Mi sento in forma e riposato/a"

"Sono grato/a per le esperienze vissute"

"Ho sempre nuove idee"

"Sono una persona caparbia"

"La mia creatività è apprezzata al lavoro"

"Tutti i miei sforzi saranno ripagati
abbondantemente"

"Mi sento amato/a dagli altri"

"Esprimo spesso il mio apprezzamento per gli
altri"

"Ho un forte autocontrollo"

"Sono pieno/a di coraggio e di energia"

"Posso sempre scegliere nuovi pensieri, nuovi
modi di pensare"

"Ho sempre il vento a favore"

"Il mio cammino è luminoso"

"Incanalo la mia energia per creare cose utili"

"Non serbo rancore"

"L'universo è abbondanza"

"Posso imparare a vivere in pace"

"Non mi sento inferiore a nessuno"

"Ho un'immagine sana di me stesso/a"

"Comincio ogni giorno con pensieri positivi"

"Non mi confronto con gli altri"

"Sono una persona comprensiva"

"Sono una persona di valore"

"Sono libero/a dallo stress"

"Mi evolvo nella migliore versione di me stesso/a"

"Entro in un nuovo cerchio di gratitudine"

"Mi elevo a maggiori altezze"

"Attiro una realtà di abbondanza e di gioia"

"Ho una mentalità vincente"

"Ho compassione per coloro che soffrono"

"Continuo a muovermi verso i miei obiettivi"

"Ho fede nel mio destino"

"La mia speranza è più grande della mia paura"

"So di poter dare un amore incondizionato"

"Non ho bisogno della convalida degli altri"

"La mia felicità si manifesta in ogni mio gesto"

"Ora ho tutto quello che voglio"

"Mi permetto di essere amato/a"

"Il dolore diventa pace"

"Sono una persona amichevole"

"Sconfiggo le mie insicurezze"

"I miei livelli di energia aumentano ogni giorno"

"Sono come un albero con radici forti"

"Faccio attenzione ai miei pensieri"

"Sono vicino/a alla beatitudine"

"Mi proteggo dalla negatività"

"Scelgo pensieri positivi"

"Sono una persona ottimista"

"Sono sempre in grado di ritrovare me stesso/a"

"Mi fido degli altri"

"Ho la chiave per realizzare i miei più grandi sogni"

"Sono sopravvissuto/a al 100% delle situazioni difficili che ho affrontato"

"Trovo sempre la soluzione ai problemi"

"Il mio potere personale si manifesta in ogni mio gesto"

"Volo sempre più in alto"

"Mi concentro sulle soluzioni e non sui problemi"

"Mi faccio sempre le domande giuste"

"Sono contento/a delle scelte che ho fatto"

"Io attiro solo il bene"

"Guadagnare soldi mi dà energia"

"Mi perdono"

"Sono una persona competente"

"Accumulo facilmente ricchezza"

"Rimango sempre centrato/a"

"Sono una persona di talento"

"Lavoro per massimizzare il mio potenziale"

"Voglio rendere orgogliose di me le persone
che mi stimano"

"Gestisco la mia vita al meglio"

"Il mio cuore non prova odio"

"Permetto alle mie cellule di funzionare in modo sano e vitale"

"La mia mente è sana e lucida, e offre solo pensieri positivi"

"Il mio respiro è la mia ancora"

"Ringrazio ogni giorno di essere la persona che sono"

"Sono guidato/a da un pensiero positivo e da un atteggiamento ottimista"

"Capisco quanto sono fortunato/a"

"Conosco e apprezzo i miei punti di forza"

"Il mio pensiero è libero da condizionamenti sociali"

"Sono il/la protagonista del mio film"

"Sono una persona informata"

"Sono una persona cortese"

"La mia anima gemella mi troverà"

"Sono apprezzato/a per quello che faccio"

"Sono una persona meravigliosa"

"Sono al sicuro"

"Espando la mia energia positiva al mondo"

"Sono circondato/a da una luce che dà potere"

"Mi lascio ispirare dagli altri"

"Amare è una cosa semplice"

"Sono una persona energica"

"Elimino tutte le ferite del mio passato"

"Tutto va bene"

"Mi piace il benessere che ricevo ogni giorno
per tutto quello che faccio"

"Guarisco il mio bambino interiore, le sue
paure, le sue insicurezze, la sua rabbia"

"Inizio bene la mia giornata"

"Sono onorato/a di vivere questa vita"

"Ho molte persone che possono aiutarmi"

"Ho il potere di migliorare la vita delle persone"

"Oggi inizia un capitolo positivo della mia vita"

"La vita mi dà solo esperienze positive"

"Agisco con determinazione e forza"

"Affronto le avversità con onore"

"Do gioia a chiunque decida di entrare nella mia vita"

"Le mie capacità mi permettono di realizzare i miei sogni"

"Le mie azioni migliorano il mondo in cui vivo"

"Ogni notte mi addormento soddisfatto/a per quello che ho fatto"

"Non ho rimpianti"

"Abbraccio tutte le cose che la vita mi offre"

"So di essere unico/a e speciale"

"Sono irresistibile"

"Non ho paura di dire di no"

"Sono pronto/a per nuove avventure"

"Seguo il mio istinto"

"Sono una persona felice"

"Mi propongo di aiutare gli altri"

"La vita è un bel regalo"

"I miei amici e la mia famiglia sono persone meravigliose"

"Sono migliore di quanto penso di essere"

"Non mi faccio fermare dai problemi"

"Ogni notte mi carico di energia positiva"

"Permetto che il mio reddito cresca
costantemente"

"Il mio sonno è ristoratore"

"Posso dare consigli utili alle persone"

"Sono avvolto/a da un'aura protettiva"

"Ignoro le cattive notizie"

"Sono una persona gentile"

"Raggiungo facilmente tutti i miei obiettivi e realizzo i miei sogni"

"Ho influenzato positivamente l'ambiente che mi circonda"

"Posso scalare qualsiasi montagna"

"Sto vivendo il momento migliore"

"La mia salute fisica si riflette in ogni settore
della mia vita"

"Amo ogni singola cellula del mio corpo"

"Scelgo di vivere la vita che voglio"

"Ho la capacità di attrarre ciò che è meglio per
me"

"Sono una persona piacevole"

"Mi libero dei pensieri auto-sabotanti"

"Sono circondato/a da positività"

"Il mio spirito è libero e la mia mente è calma"

"Sono in grado di entusiasmarmi per le cose
semplici"

"Sono forte come non lo sono mai stato/a"

"I miei obiettivi sono a portata di mano"

"Ricevo sempre buone notizie"

"Ricevo denaro da molte fonti diverse"

"Provo empatia per gli altri"

"Il mio sistema immunitario mi protegge da qualsiasi malattia"

"Ogni esperienza che faccio mi rafforza"

"Trovo sempre il mio equilibrio"

"Non ho paura delle avversità"

"Il mio atteggiamento mi aiuta a raggiungere i miei obiettivi"

"Sono una persona solare"

"Il mio corpo ha la capacità di guarire"

"Ho il piacere di aiutare gli altri"

"Sono molto determinato/a"

"Rispetto i miei pensieri"

"Mantengo le promesse che faccio a me stesso/a"

"La mia voce è seducente"

"Ogni giorno, sempre di più, imparo ad accogliere e ad amare le novità e le incertezze"

"Il mio linguaggio del corpo comunica tranquillità e fiducia in me stesso/a"

"Sono responsabile della mia vita"

"I miei occhi vedono oltre le apparenze"

"Sono una nave inaffondabile"

"Sono una persona imperturbabile"

"Resisto ad ogni tempesta"

"Mi rafforzo sempre di più"

"Ho la forza di guarire immediatamente"

"Faccio una buona impressione quando
incontro nuove persone"

"Ogni giorno, sempre di più, mi allontano
dalla paura"

"Posso svolgere tutte le professioni che voglio"

"Il mio corpo e la mia anima sono
perfettamente allineati"

"Sono un tutt'uno con l'universo"

"Esprimo grazia nei movimenti"

"Posso meditare facilmente"

"Ogni cellula del mio corpo è sana"

"Posso facilmente capire cosa pensano le
persone"

"Sono ammirato/a per le mie qualità"

"Sono una persona perseverante"

"Le soluzioni ai problemi appaiono naturalmente nella mia mente"

"Mi addormento e mi sveglio facilmente"

"Ho un perenne senso di protezione"

"Sono una persona curiosa e creativa"

"Ho davanti a me un mare di possibilità"

"Sono una persona reattiva"

"Ho piena fiducia nel futuro"

"Sono una persona importante"

"La mia forza non mi lascia mai"

"Ho un carattere estroverso e solare"

"Vado oltre la mia zona di comfort"

"Posso creare qualcosa di grande e
spettacolare"

"Le persone amano parlare con me"

"Ho molti amici"

"Condivido la mia conoscenza con gli altri"

"Raccolgo i frutti del mio lavoro"

"Rimango centrato/a nella mia pace e nella mia gioia"

"Ho un talento naturale per fare affari"

"Mi sforzo sempre di fare del mio meglio"

"Sono composto/a da pura energia positiva"

"Ho sempre nuovi incentivi per migliorare me stesso/a"

"Sono grato/a per il mio benessere psicofisico"

"Sono nel posto giusto al momento giusto"

"Il mio corpo riflette il mio umore"

"Ho molte idee da realizzare"

"I miei pensieri fluiscono facilmente nella mia mente"

"I miei giorni sono pieni di gioia"

"Guardo tutti negli occhi e parlo con fiducia"

"Inizio conversazioni con gli sconosciuti"

"Sto vivendo la vita che ho sempre sognato"

"Ogni giorno, sempre di più, imparo a vivere la vita con più leggerezza e spensieratezza"

"Mi sento profondamente appagato/a"

"Sento un forte amore per me stesso/a"

"Sono rispettato/a ovunque io vada"

"La mia vita è pronta a prendersi cura di me"

"Dedico tempo e attenzione al mio bambino interiore"

"Vivo in un'atmosfera armoniosa"

"I miei pensieri creano risultati reali nella mia vita"

"Godo della protezione divina"

"Affronto con gioia i cambiamenti della mia vita"

"La mia pace interiore migliora la mia salute"

"Il mondo è pieno di persone che vogliono incontrare qualcuno come me"

"La natura mi ha dotato di tutto ciò di cui ho bisogno"

"Benedico la situazione in cui mi trovo"

"Sono capace di innamorarmi e di far innamorare"

"Non sono solo/a nel mio viaggio"

"Mi nutro di energia positiva"

"Ho solo persone leali al mio fianco"

"Attiro ricchezze che mi permettono una vita comoda"

"Io amo il mondo e il mondo ama me"

"Sono consapevole che il mio destino è nelle mie mani"

"Ogni persona che incontro può essere una fonte di felicità"

"Sono grato/a per l'età che ho adesso"

"Mi sento libero/a ogni giorno di più"

"Ricevo regali inaspettati"

"Sono amato/a incondizionatamente"

"Mi amo e mi accetto completamente e
profondamente"

"Mi sento al sicuro con me stesso/a"

"Ho innumerevoli competenze che posso usare"

"Non sono influenzato/a dal cattivo umore degli altri"

"Le mie relazioni romantiche sono soddisfacenti e giuste"

"Attingo da una fonte infinita di gioia"

"Mi sento imbattibile"

"Posso ottenere ciò che voglio quando voglio"

"I miei limiti sono solo quelli che mi impongo"

"Io attiro il successo"

"Ogni giorno divento più forte"

"Mi piace questo viaggio chiamato vita"

"Io manifesto il mio potere attraverso le mie azioni"

"Mi piace il suono della mia voce"

"Sono sempre più radicato/a nelle mie convinzioni di potere"

"Sono sempre aperto/a al dialogo"

"Il mio istinto mi suggerisce sempre il modo migliore di agire"

"Trovo sempre il mio posto nel mondo"

"Scelgo di rinascere"

"Ho sempre una parola di conforto per
chiunque"

"La mia immaginazione non ha confini"

"Mi permetto di sognare in grande"

"Sono una persona metodica"

"La calma mi accompagna per tutta la giornata"

"La mia autostima si rafforza con ogni mio successo"

"Io sciolgo i miei problemi con il potere della mia mente"

"Sono consapevole che stanno per succedermi delle cose belle"

"Vivo ogni giorno con la passione di perseguire uno scopo"

"Io agisco sempre"

"Sono fiducioso/a, sono forte, sono fantastico/a"

"Da oggi sono una persona felice, mi sento bene e non c'è niente di sbagliato in me. Mi sento degno/a di essere amato/a in ogni mia cellula e so di avere il diritto di prosperare e di vivere una vita felice. Niente può disturbare la mia quiete, perché la mia forza interiore è superiore a qualsiasi forza negativa che posso incontrare sul mio cammino.

Sono un/una guerriero/a connesso/a all'universo e mi sento protetto/a. Ogni giorno sono più forte e più sicuro/a di me, do il meglio di me senza nemmeno pensarci, la mia vita è ora meravigliosa e mi sento profondamente grato/a per tutto ciò che ricevo e che riceverò. Vedo una grande luce davanti a me, che mi avvolge in un abbraccio caldo e rassicurante, tutte le mie preoccupazioni scivolano via e tutti i miei problemi perdono di significato, so solo sorridere ora. Non mi sono mai sentito/a così sereno/a e amato/a...Ora nessuno può farmi del male...Niente può andare storto... "

CI AUGURIAMO CHE QUESTO
LIBRO TI SIA PIACIUTO.
PER NOI, NON C'È PIÙ GRANDE
RICOMPENSA DELLA TUA
SODDISFAZIONE.

TI INVITIAMO A LASCIARE
UNA RECENSIONE SU
AMAZON.IT

GRAZIE!

Printed in Poland
by Amazon Fulfillment
Poland Sp. z o.o., Wrocław

74351922R00134